Der Sinn des Lebens …?

… warum lebe ich?

Titelbild Motive:

1 Das Kreuz, als Sinnbild für unsere Geburt und unser Sterben.

2 Ein Fluss, Ein Vergleich zu unserem Lebensfluss. Entstanden als Quelle in den Ber-
  gen (unsere Geburt), der Flusslauf (unser Leben) und weiter das Ende im Meer
  (unser Sterben).

3 Das Meer mit Sonnenuntergang, als Beispiel für unsere Natur und die Schöpfung.

4 Den Baum und das Windrad als Beispiel für unsere Lebensumgebung und unsere
  Entwicklung.

5 Zentraler Hintergrund, das Universum, Andromeda-Galaxie als Sinnbild der Ewig-
  keit.

Verlag & Druck: tredition GmbH, Halenreie 40-44,
22359 Hamburg

ISBN Paperback 978-3-347-24889-2
     Hardcover 978-3-347-24890-8
     e-Book   978-3-347-24891-5

Impressum
Verlag tredition GmbH
Halenreie 40-44
22359 Hamburg

Alle Bilder sind eigene Fotos des Autors oder kostenlose, lizenzfreie Fotos aus dem Internet.
Titelfoto: Eine Collage mit
Zentralfoto: Andromeda-Galaxie, Quelle: https://pixabay.com/de/photos/m31-raum-astronomie-astronomische-3613931/
Foto 1: Kreuze, Quelle: https://pixabay.com/de/images/search/kirchen
Foto 2-4: Eigene Fotos

Widmung:
Dieses Buch widme ich meiner Frau Olga, ihren und meinen Kindern und Enkelkindern, aber auch allen, die mein Leben begleitet haben.
Als Erinnerung an eine lange Zeit und als Teil meines Lebens, jetzt und nach meinem Ende..

Über mich:

Ich bin geboren 1938 in Teplitz, damals Sudetenland, heute Tschechische Republik.

Geflüchtet Herbst 1945 mit Mutter und zwei jüngeren Schwestern zur Oma zu der Ansiedlung Kuttelburg, einem Bauerngehöft, in der Nähe von Jonsdorf bzw. Rosendorf. Von dort Anfang 1946 zusammen mit Oma weiter geflüchtet über Jonsdorf nach Bad Schandau, von dort über Halle/Saale nach Dortmund. Vater war zu dieser Zeit in amerikanischer Kriegsgefangenschaft. In Dortmund aufgewachsen und einen Beruf als Bauschlosser erlernt. Geheiratet im Dezember 1959 in Huckarde. 1960 ein Jahr Bundeswehr absolviert. Ich habe durch meine Abstammung die deutsche Staatsbürgerschaft, obwohl meine Geburtsurkunde bei der Flucht verloren gegangen ist. Meine Mutter musste dazu in Dortmund eine eidesstattliche Erklärung abgeben. In Abendkursen die Hochschulreife und den Betriebstechniker erreicht. Beruflich bin ich mit meiner Familie 1967 in die Pfalz (Rheinland-Pfalz) in die Nähe von Ludwigshafen gezogen. Dort habe ich bis 2001 gelebt, allerdings 1996 von Frau und Familie getrennt, von 1996 bis 2001 mit einer neuen Partnerin in der Pfalz weiter gelebt. Ende 2001 bin ich mit dieser Partnerin nach Düren gezogen und habe bis 2010 mit ihr in Düren gelebt. Danach haben wir uns getrennt. Meine Partnerin ist ausgezogen. Ich habe über zwei Jahre alleine mit meinem Hund in dem Haus weiter gelebt. 2012 habe ich durch eine Fügung eine neue Partnerin kennen gelernt. Wir haben 2013 geheiratet. 2014 haben wir das Haus verkauft und sind an den Nordrand der Eifel gezogen. Dort wohnen wir inzwischen glücklich und zufrieden in einem kleinen beschaulichen Dörfchen mit viel Natur um uns herum. Dieses Leben mit meiner neuen, in der Widmung auch genannten Partnerin, mit vielen Veränderungen und Erlebnissen, habe ich in meinem Buch *„Spätes Leben, Die Zeit mit Dir, acht Jahre, eine halbe Ewigkeit"* beschrieben.

Inhaltsverzeichnis

Vorwort

Eins möchte ich allem Nachfolgenden voraus stellen. Dieses Buch soll keine wissenschaftliche Abhandlung zu diesem Thema, „Sinn des Lebens", sein, sondern ich möchte hier meine eigene Gedanken und Überlegung zum Ausdruck bringen.

Ich bin kein Experte, Philosoph und kein Psychiater, aber ein Mensch, der fühlt und viel nachdenkt, besonders jetzt in meinem Alter.

Ich beschäftige mich schon einige Zeit mit dieser Frage, bzw. diesen zwei Fragen: Der Sinn des Lebens .... Warum lebe ich.

Das Thema ist vielleicht zu groß für mich und es steht mir vielleicht auch nicht zu, diesem Thema nachzugehen. Ich möchte es aber trotzdem versuchen und am Ende sehen, was dabei herauskommt.

Aus meiner Auffassung ist es ein sehr komplexes Thema und es ist für mich nicht einfach, hierfür einen Konsens zu finden. Ich möchte meine Gedanken ordnen und hier niederschreiben. Für mich, aber auch für meine Familien und Angehörige und darüber hinaus für alle Interessierten an diesem Thema. Damit auch Anregung geben, darüber selbst einmal nachzudenken.

Auch im Internet und in Büchern gibt es viel zu diesem Thema zu lesen, u. a. auf der Seite https://www.sinndeslebens24.de/was-ist-der-sinn-des-lebens. Ich möchte dazu meine eigenen Überlegungen und Vorstellungen in diesem Büchlein zum Ausdruck bringen.

Ich bin geboren, hinterlasse die Spur meines Lebens, zumindest bei denen, die mir nahe stehen, die mit mir verbunden sind. In der Zeit, die mir noch bleibt, muss ich diese Spur sorgfältig ordnen und zu Ende bringen. Ich muss dankbar sein, wenn mir die Zeit noch bleibt, wenn sie mir noch gegeben wird und nicht von jetzt auf nachher beendet wird.

Mit 82 Jahren habe ich inzwischen lange gelebt und vieles erlebt. Schon etwas länger gelebt als die durchschnittliche Lebenserwartung von zurzeit knapp 79 Jahren in Deutschland.

Und je länger ich lebe, umso mehr drängt sich mir die Frage über den Sinn des Lebens auf.

In jungen Jahren ist es, aus den Erfahrungen in meinem eigenen Leben, in erster Linie wichtig, sein Leben zu leben und sich im Leben zu behaupten. Da gibt es kaum Zeit, sich mit der Frage über den Sinn des Lebens auseinander zu setzen. So war es auch bei mir. Schule beenden, Lehrzeit, Familie gründen, Wohnung einrichten, Auto kaufen, im Beruf weiterkommen, Urlaub machen, usw.

Nun, in meinem Alter hat man mehr Zeit, darüber nachzudenken. Deshalb möchte ich in diesem Büchlein dieser Frage etwas intensiver nachgehen. Nicht wissenschaftlich, sondern alleine aus meinen Überlegungen und auf Basis meiner Erfahrung, allerdings mit der Vermutung, dass ich auch keine oder nur eine vage Begründung erhalten werde. Ich werde sehen, ab ich einen Sinn zu meinem Leben und Sterben finden werde.

Ich bin mir bewusst, das alles hier ist Theorie und Geschreibe. Ich bin mir weiter bewusst, dass es auf der Erde weit schlimmeres und wichtigeres gibt, als über den Sinn des Lebens und des Sterbens nachzudenken. Aber alles gehört zusammen. Jedes an seinen Platz. Soll ich über die Klimaveränderung schreiben, über die Million Haifische, die jedes Jahr wegen einer maßlosen Gier nach Flossen und/oder als Beifang getötet werden. Mich aufregen über die Waldrodung am Amazonas, wütend sein über das, was in Syrien und vielen anderen Ländern an unschuldigen Zivilisten verbrochen wird, usw. usw., all das ist mir bewusst und ich bin maßlos traurig darüber, dass dieses geschieht und ich nichts dagegen unternehmen kann. Ich denke, wir können das Rad dieser Entwicklung nicht mehr zurück drehen, so gerne es viele von uns möchten, es hat zu viel Fahrt aufgenommen und lässt sich nicht mehr bremsen. Außer es geschieht noch ein Wunder, und unser Schöpfer sorgt für eine Umkehr. Aber das alles sind andere Themen.

Ich möchte hier über das schreiben, was mir zu allem Elend auf der Welt auch am Herzen liegt. Die Frage nach dem Sinn des Lebens und des Sterbens. Denn es betrifft mich und jeden von uns, ob wir wollen oder nicht.

Kapitel 1   Wer sind wir, wo kommen wir her.

Wenn man sich die Frage nach dem Sinn des Lebens stellt, müsste man sich auch die Fragen stellen: Wer sind wir? Wo kommen wir her?

Aber auch die Frage nach dem Gegenteil von dem Sinn des Lebens: Was ist der Unsinn des Lebens?

Und weiter, wenn ich mir die Frage stelle: Warum lebe ich? gehört die Frage dazu: Warum sterbe ich?

Also ergeben sich nicht nur die zwei Fragen über dieses Thema, sondern eigentlich die drei weiteren, die sich daraus ergeben, über die ich hier auch nachdenken möchte.

Dazu nachfolgend meine Überlegungen in diesem und allen nachfolgenden Kapiteln.

Gerne vergleiche ich unser Leben mit einem Fluss, ein stetes Fließen, der Tropfen Wasser ist die Sekunde unseres Lebens. Immer in eine Richtung, es gibt kein Zurück. Der Fluss wird geboren in/aus einer Quelle, klein und verspielt im ersten Teil seiner Existenz, groß und mächtig in der Mitte, am Ende gemächlicher, ruhiger und aufgehend in dem großen Meer. Wiedergeboren werden in der Verdunstung und dem fallenden Regen zu einem neuen Leben in einer Quelle.

Einer der großen Komponisten, Bedrich Smetana, hat dazu ein Werk verfasst, „Die Moldau" aus dem Zyklus „Mein Vaterland". Für mich eins der größten und einfühlreichsten Musikwerke. Besser kann man das Leben eines Flusses nicht beschreiben.

So verläuft unser Leben, wir werden geboren, erleben die Kindheit und Jugend, das Leben als Erwachsener, dann das ruhigere Alter und das Sterben. Aufgehen in die Natur, aus der wir entstanden sind. Nur der Kreislauf für eine Wiedergeburt liegt für uns im Dunkeln.

Deshalb mein Titelbild:

Das Kreuz als Sinnbild für unsere Geburt und unser Sterben.

Ein Fluss, Ein Vergleich zu unserem Lebensfluss. Entstanden als Quelle in den Bergen (unserer Geburt) und weiter auf dem Weg ins große Meer (unserem Sterben).

Das Meer mit Sonnenuntergang, als Beispiel für unsere Natur und die Schöpfung.

Den Baum und das Windrad als Beispiel für unsere Lebensumgebung und unsere Entwicklung.

....

Unser Leben beginnt aus der Liebe und Freude zweier Menschen, aus Vater und Mutter bin ich entstanden. Das ist meine erste Schlussfolgerung: Darum Lebe ich. Damit hört aber die Frage noch nicht auf, denn die weiteren Fragen lauten: Ist dieser Vorgang von Zeugung und Geburt nur eine zufällige Entwicklung in einer unbekannten Evolution oder steckt mehr dahinter. In den nächsten Kapiteln möchte ich dazu näher eingehen, denn es spielt in diesem Zusammenhang viel mehr hinein, was ich näher beleuchten möchte.

Aber zunächst weiter zu der Zeugung und Geburt:.

Sicher erzeugen auch oft Gewalt oder Unwissenheit ein Leben. Aber der Normalfall ist die Liebe zwischen zwei Menschen für diesen Vorgang.

So ist es in der ganzen Natur, es gibt keine Erzeugung ohne diesen Akt, allerdings bei den meisten Tieren ohne sichtbare Verbundenheit, sondern ausschließlich aus dem angenommenen Fortpflanzungstrieb.

Es gibt in der Tierwelt auch die monogame Verbindung, aber die bewusste Liebe und Freude dabei gibt es nach meiner Einschätzung nur bei uns Menschen.

Aber immer entsteht durch die Vereinigung von weiblichen Eizellen mit dem männlichen Samen ein Lebewesen, geboren aus einem Ei oder als fertige Lebensform.

Der Mensch gehört im Grunde zu der Natur, die dieses hervor bringt. Doch wie auch immer, etwas unterscheidet uns von allen anderen Lebewesen. Wir reagieren nicht nach einem Instinkt, sondern wir können uns entscheiden für das wann und wie. Wir haben Gefühle wie Liebe oder Trauer. Andere Lebewesen haben das in der Mehrzahl nicht. Eine kleine Ausnahme bilden da Elefanten oder Affen, bei denen man über Verhaltensweisen Ansätze zu diesen Gefühlen findet. Sicherlich bei anderen Lebewesen auch, wir bzw. ich wissen es aber nicht genau.

Nur ist uns, dem Menschen, auch noch etwas gegeben, was uns von allen anderen Lebewesen unterscheidet, unsere Intelligenz, unsere

Fähigkeit, etwas in die Zukunft zu planen und unser Gewissen, das uns sagt, was gut oder schlecht/böse ist. Dazu der Glauben für die Vergebung unserer Verfehlungen, wenn wir unseren Schöpfer darum bitten, dass uns vergeben wird. Darüber hinaus gibt es eine Vermutung, dass wir eine Seele haben, die in unserem Körper für die unerklärbaren Zustände sorgt, unter anderem Liebe und Hass, was wir allgemein als Geist bezeichnen. Wissenschaftlich gibt es dazu sicherlich einige Begründungen, dass dieses über Hormone und unser Gehirn erzeugt und gesteuert wird. Aber ich selbst denke, da muss noch etwas anderes sein. Mag sein, dass dieses ein Wunschdenken ist, aber das lasse ich mal dahin gestellt und für meine weiteren Überlegungen als nicht relevant.

Hieraus bzw. hierzu ergibt sich für mich aber eine Frage:

Wie zuvor schon erwähnt, entsteht jeder Mensch aus einem natürlich bestehenden Liebesakt. Wieso kommt dieser Liebesakt zu Stande. Bei den Tieren auf Basis eines natürlichen Triebes zu einer Arterhaltung. Bei dem Menschen aus einem uns nicht bewussten gleichen Grund, aber in der Regel auch mit dem Versuch, sich und dem andern eine Freude zu bereiten. Und der sogenannte Orgasmus ist wiederum in der Regel der Höhepunkt dieser Vereinigung und entspringt dem Wunsch nach Freude. Diesen Vorgang bezeichnen wir auch als Lust, die man aber auch erreichen kann, ohne eine Fortpflanzung zu erzeugen, auch über oder durch die sogenannte Selbstbefriedigung oder die Beschäftigung mit gleichgeschlechtlichen Partnern. Ersteres zwar immer noch unter einer gewissen Verschwiegenheit, letzteres aber inzwischen öffentlich akzeptiert. Wobei beides sicherlich bei vielen, auch bei mir, als unnatürlich empfunden wird, auch aus meiner Erziehung und der Bewertung unserer vergangenen Generationen. Und wenn wir unserem Gewissen genau zuhören: Es ist zumindest mit einem Gefühl des Unbehagens verbunden, zumindest bei mir. Das gibt es in der Natur bei den tierischen Lebewesen nicht. Aber wer fragt bei uns noch nach einem Gewissen.

Die Natur und eine sogenannte Evolution hat es verstanden, diese Fortpflanzung nur zwischen weiblichen und männlichen Lebewesen zuzulassen, mit geringen Ausnahmen, unter anderem bei einigen

Schneckenarten. Neuerdings auch bei Menschen im Labor oder durch künstliche Befruchtung. Aber auch hier, es bleibt ein gewisses Unbehagen, zumindest bei denen, die darüber nachdenken. Meine Auffassung dazu: Wenn von Natur aus, aus welchen Gründen auch immer, eine Zeugung nicht möglich ist, dann sollte man dieses auch akzeptieren. Denn selbst eine nur künstliche Befruchtung ist der erste Schritt zu elementaren Eingriffen in die Natur mit für uns unbekannte weitere Folgen, wie zum Beispiel das Klonen von Lebewesen oder sogar Menschen.

Aber dass aus der natürlichen Vereinigung zwischen Frau und Mann, weiblich und männlich, ein neues Leben entsteht, ist, im Grunde genommen zwar wissenschaftlich begründet, für mich, und ich denke auch allgemein, ein Wunder. Alleine durch die Zellteilung entsteht eine Nachbildung des Menschen, mit Körper und Organen. Das funktioniert bereits seit Jahrtausenden so und wann dieser Vorgang entstanden ist, liegt nach meiner Kenntnis in einer dunklen, zumindest mir, nicht bekannten Vergangenheit.

Aber für mich ergibt sich bei diesem Vorgang der Geburt bei uns Menschen eine Frage: Woher kommt der Geist? Das Leben in dem gezeugten Körper entwickelt sich nach den Gesetzen der Natur, zunächst Zelle um Zelle, zu einem Körper, den Gliedmaßen und allen Organen. Das Gehirn entwickelt sich genau so, mit unsere Lernfähigkeit. Nach der Geburt entwickelt sich unser Gedächtnis, unsere Erinnerungs- und Entscheidungsfähigkeit. Aber ab wann entwickelt sich der Geist, unsere Fähigkeit zu fühlen und woher kommt unser Gewissen, schlechtes und Guten zu unterscheiden.

Niemand weiß, wie und aus was sich dieses Leben ergeben hat. Die Vergangenheit liegt im Trüben. Genauso, wie wir noch nicht wissen, wie unser Universum entstanden ist. Theorien gibt es viele, aber zutreffende Begründungen nicht. Und zu der Frage, wer sind wir, wo kommen wir her, gibt es nach meinen Überlegungen und meiner Kenntnis keine eindeutigen Antworten. So möchte ich zu dem Kapitel 2 übergehen, meinem Versuch zu einer Erklärung zu unserem Dasein.

Kapitel 2   Der Ursprung unseres Lebens

Viele Gelehrte und Wissenschaftler haben sich den Kopf zerbrochen, wann und wie unser Universum entstanden ist, entstanden sein könnte, wie und wann unser Leben begann. Bis heute ohne eine zutreffende Erklärung. Unter anderem gibt es dabei die heute allgemein gültige Urknalltheorie und die damit verbundene Ausdehnung des Universums. Allerdings bleibt für mich dabei immer noch die Frage offen: Was war vorher? Und dazu weitere Fragen: Wie lange wird das Universum bestehen bleiben? Wie lange wird es sich ausdehnen? Dazu eben auch die Frage: Wie sind wir entstanden.

Die Bibel erklärt im Alten Testament den Beginn unseres menschlichen Lebens und der Natur mit dem Willen Gottes, uns nach seinem Ebenbild zu schaffen und dazu die Natur an unserer Seite. Zuerst hat Gott demnach die Erde erschaffen, den Tag und die Nacht und dann den Menschen. Da ist offenbar etwas schief gelaufen und dieses durch den Menschen verursacht worden Denn bereits diese ersten Menschen fügten sich nicht in den nach der Bibel von Gott vorgegebenen Rahmen in einem Paradies, sondern haben sich durch welches Verhalten auch immer, in der Bibel durch einen verbotenen Apfel, selbst aus diesem Paradies katapultiert. So ist es heute noch, die Äpfel der Versuchung sind immer noch vorhanden.

Ich denke, diese Geschichte in der Bibel mit der Erschaffung der Erde und allem, was darauf lebt und dem Paradies ist der Versuch, uns den Vorgang der Entstehung des Universums, unserer Erde und unseres Lebens mit unserer trotz allem Wissen begrenzten Begrifflichkeit nachvollziehbar beizubringen.

Wir sind dabei, durch die fortschreitende Wissenschaft nachvollziehbare Erklärungen zu finden. Ich habe aber den Eindruck, je mehr wir erfahren, umso größer werden die Fragen. Ich vergleiche uns dabei mit Ameisen, die in ihrem Hügel leben, aber nicht erfassen können, was rings um sie geschieht. Weder die wiederkehrenden Jahreszeiten, noch ihren Sinn und Zweck. Sie arbeiten und schuften, um ihre Existenz und die Gemeinschaft ihres Volkes zu erhalten, sonst nichts. Übertragen auf unser Leben, heißt das, wir leben und schuften, um unsere Existenz zu erhalten? Das erscheint mir zu wenig und zu einfach. Wie komme ich weiter?

In der Religion des Buddhismus ist die Rede von Reinkarnation und Wiedergeburt. Wobei dazu im Vordergrund steht, eine höhere Stufe (Lebensstufe) durch ein entsprechendes Verhalten zu erhalten. Im Buddhismus wird das richtige Verhalten in den Edlen Wahrheiten beschrieben. Im christlichen Glauben gibt es die Bibel, die unter anderem die richtige Lebensweise vorgibt, aber keine Wiedergeburt. Alle anderen Religionen schreiben in ähnlicher Form bestimmte Verhaltensweisen vor, jeweils etwas angepasst an die Lebensumstände. Ich möchte hier auf keinen Fall eine Wertung oder Diskussion über die Richtigkeit oder Stimmigkeit dieser Religionen und Lehren beginnen, aber ich muss erkennen, dass nach meiner (eingeschränkten) Kenntnis mit Ausnahme der Bibel in keiner anderen Religion ein Hinweis auf die Entstehung der Erde und unserem Leben enthalten ist. Wobei auch im Hinduismus eine ähnliche Form der Entstehung entnommen werden kann. In der vedischen Variante wird eine solche Entstehung des Universums durch bzw. mit der Gottheit Vishnu genannt und dieser gleichgesetzt mit dem kosmischen Gott Narayana. Aber auch hier wird in einer späteren Version von einer Reinkarnation gesprochen, indem sich hier nach dem Tode des Körpers ein neues Wesen ergibt, wieder ein Mensch, oder ein Tier oder eine Gottheit, je nach seinen Taten vor dem Tode in der Summe: Gutes wird belohnt durch eine höhere Wesensstufe.

Ich möchte auch hier nicht auf Details eingehen, da vor allem der Hinduismus für mich eine sehr komplexe Religion darstellt.

Aber was kann man aus dem vorgenannten und den Religionen und unserer Entwicklung zu der Frage nach unserem Ursprung feststellen? Wir wissen es nicht. Sind wir eine Schöpfung oder nur ein Zufallsprodukt einer Evolution? Vielleicht bringen mich die Überlegungen in den weiteren Kapiteln einer Beantwortung näher. Vielleicht auch die weitere Frage nach dem Warum.

Kapitel 3   Unser Leben und der Kosmos

Es liegt mir fern, hier eine Bewertung der Religionen vorzunehmen. Aber mir scheint, dass, wie am Ende des vorherigen Kapitels angesprochen, in vielen Religionen der Maßstab eines guten Lebens im Sinne einer guten Verhaltensweise dem anderen gegenüber die Voraussetzung zu einem besseren Leben nach dem Tode ist.

Das ist die eine Seite.

Die andere ist unser bereits angesprochener Kosmos im Kapitel 2. Mit menschlicher Denkweise ist weder die Entstehung noch die Existenz unseres bekannten Universums erklär- und nachvollziehbar. Mit einem Urknall soll unser Universum entstanden sein. Was war vorher? Und seit dem Urknall dehnt sich das Universum aus. Wie lange noch, wie weit, wohin? Ein paar Fragen von vielen. Verständlich ist für uns noch unser Sonnensystem, das aus einer kosmischen Staubwolke durch die Schwerkraft bzw. Gravitation entstanden sein soll. So auch andere Sonnensysteme und vielleicht auch die Galaxien. Aber was ist mit den sogenannten Schwarzen Löchern? Was mit der angenommenen Dunklen Materie? Fragen über Fragen. Und da geht meine Überlegung wieder in Richtung Ameisenhaufen. Wir krabbeln auf der Erde herum und wissen nicht im Entferntesten, was rings um uns geschieht. Ameisen sind zu solchen Überlegungen nicht fähig, zumindest nicht nach unseren Vorstellungen. Lediglich wir Menschen können mit unseren Überlegungen versuchen, die Dinge um uns herum zu begreifen und zu erklären. Aber, wenn ich das Universum betrachte, diese Unendlichkeit ohne Wissen, was kommt dahinter, wann und wie und woraus es entstanden ist? Dann denke ich, wir sind nichts anderes als die Ameisen. Wir wissen nichts. Aber was hat das mit dem Sinn des Lebens zu tun? Da denke ich, wir sind Bestandteil dieses gewaltigen Universums, eben ein sehr kleines. Unsere Erde und wir bilden eine Gemeinschaft, so verschieden wir sind, so unterschiedlich wir Menschen sind. Unterschiedlich zu unseren mit uns auf der Erde lebenden anderen Geschöpfen, Landtieren, Fischen, Vögeln, insgesamt der Natur. Besteht der Sinn des Lebens darin, diese Gemeinschaft zu erhalten? Oder das Gegenteil, der Unsinn, diese Gemeinschaft zu vernichten. Krieg und Krankheit sind Unsinn nach unserem Gefühl. Kriege von Menschen gemacht oder Krankheit als Entwicklung einer Lebensart, Pest und Cholera aus dem Leben in

Unrat und Schmutz. Corona aus dem unmäßigen Leben mit der Natur? Alles ist unser Leben, alles geschieht in unserem Universum. Wobei sich die weitere Frage ergibt: „Unser Universum"? Was heißt unser? Wir besitzen gar nichts, weder die Erde noch das Universum, alles ist uns nur geliehen für die Zeit unseres Lebens. Das Universum allerdings besteht schon viel früher als der Mensch existiert und vermutlich länger als der Mensch existieren wird.

Aber wenn wir es schaffen würden, unsere Existenz zu erhalten, durch die Wiedergeburt unserer Kinder, wäre der Sinn des Lebens vielleicht erreicht.

Aus allem kommt mir dazu der Gedanke:

„Dann wäre der Sinn unseres Lebens darin begründet, diese Gemeinschaft in und mit unserem eigenen Leben nach besten Kräften zu erhalten". Mit einem Leben, das uns nur geliehen ist. Aber es hätte einen Sinn, wenn es uns im Leben gelänge, ein klein wenig auf diese Erhaltung der Gemeinschaft mitzuwirken und am Ende unseres Lebens sagen zu können: Du hast nicht alles erreicht, aber es zumindest versucht und durch die Zeugung von zwei Nachkommen ein klein wenig zu dieser Erhaltung beigetragen zu haben.

Kapitel 4   Die Religionen und das Gewissen

Ich denke, dass die Lösung der Fragen nach dem Sinn des Lebens und dem Sterben auch mit einer Religion verbunden ist, die wiederum mit unseren inneren Werten, unserem Geist und unserer Seele verbunden ist.

Im Kapitel 2 und 3 habe ich die Religionen angesprochen. Alle Religionen haben nach meiner Kenntnis eines gemeinsam: Regeln und Gesetzte für ein gemeinschaftliches Leben. Tue Gutes und meide das Böse.

In der christlichen Religion sind die Erde und wir Menschen von Gott erschaffen worden, wie bereits angesprochen. Aber hier denke ich, in für uns in unendlich langen Zeiträumen. Für Gott, diesen Schöpfer, vielleicht nur ein Wimpernschlag. Am Ende der Zeit würden wir, wie es heißt, wieder auferstehen und durch das „Jüngste Gericht" zwischen Gut und Böse entschieden wird. Was dabei als Gut und Böse gewertet wird, ist nicht angegeben. Ich gehe aber davon aus, dass es, zumindest in der christlichen Religion für das Gute zunächst auf die Einhaltung der Zehn Gebote ankommt. Darüber hinaus vielleicht auf eine Bewertung, die unser Gewissen vorgibt.

In manchen Religionen gibt es aber auch noch einen anderen Konsens: In der katholischen Bibel steht: Gehet hin in alle Welt und mehret euch … und macht euch die Erde untertan. Im Koran steht unter anderem: „Und wenn ihr (im Krieg) auf Ungläubige trefft, dann dürft ihr ihnen den Kopf abschlagen." Sure 47 (Mohammed), Vers 4 (Khalifa). Entnommen aus: https://www.wo-ist-gott.info/beweise-fuer-gott/biblische-prophezeiungen/endzeit/islamischer-antichrist/toeten-von-unglaeubigen-islam.php

Ich möchte diese Feststellung aus dem Koran nicht überbewerten, aber ich sehe hier einen Unterschied zu allen anderen Religionen. In allen anderen Religionen wird von den Menschen erwartet, dass sie sich verständnisvoll verhalten gegenüber den anderen Menschen (und gegenüber der Natur) und darauf bedacht sind, ein „anständiges" Leben zu führen. Die vorgenannte Aufforderung in der Bibel sieht weniger gewalttätig aus. Aber auch hier hat sich die christliche Religion nicht mit Ruhm bekleckert. Denn die Eroberungsfeldzüge nach Süd- und Mittelamerika im Namen des Kreuzes mit Totschlag und Ausrottung sowie die Inquisition in Europa sind ein verheerendes Beispiel von Fehlinterpretationen. Aber das war von Menschen gemacht, von Menschen, die diese Aufforderung nach meiner Auffassung total missverstanden haben bzw. aus der Gier nach Gold, Macht und anderen Schätzen.

Darauf möchte ich bei den Überlegungen zum „Sinn des Lebens" nicht weiter eingehen. Denn der Schwerpunkt unseres christlichen Glaubens ist die Liebe, aber auch die Vorgabe für einen Verhaltenskodex durch die Zehn Gebote sowie die Einhaltung von Regeln, die unser Gewissen uns vorgibt.

Demnach lebt der Christ im Reinen, wenn er die Gebote befolgt und danach lebt. Wobei nach meinem Empfinden diese Gebote unserem Gewissen entsprechen. Denn alle Übertretungen dieser Gebote erzeugen in uns ein schlechtes Gewissen, zumindest bei den normal empfindenden. Die christliche Religion bezeichnet die Verfehlung gegen die Gebote als Sünde. Aber nicht nur die Religion sagt uns dieses, sondern auch unser Gewissen. Daraus würde sich der Schluss ergeben: Der Sinn des Lebens besteht darin, im Reinen gelebt zu haben. Eine Spur der Reinheit zu hinterlassen. Es hört sich vielleicht etwas hoch gesponnen an, aber es gehört nach meinem Gefühl dazu.

Aber hieraus alleine den Sinn des Lebens ableiten? Einen Sinn des Lebens, indem man die Regeln befolgt, die die Religionen vorgeben? Leben, um eine höhere Stufe der Lebensmöglichkeit zu erreichen? Für mich zunächst ein Ansatz, aber keine eindeutige Feststellung.

Kapitel 5   Der Bauplan des Lebens

Zu allen vorgenannten Überlegungen gibt es noch einen weiteren Aspekt, den Bauplan unseres Lebens.

Wir entwickeln uns aus einer Vielzahl von Atomen, den Grundbausteinen jeden Körpers. Egal ob Stein, Gewächs, Tier oder Mensch. Unsere Natur, unsere Erde, unsere Luft, das ganze, im Weltall befindliche Sein, besteht aus ihnen. Wir sind ein Teil dieses Seins. Bei unserer Entwicklung im Mutterleib werden nach und nach aus vielen Atomen in der Eizelle und dem Samen unendlich viele Atome, nach und nach zusammengesetzt zu einem Körper und zu einem Herzen und Gehirn. Aber was ist mit dem Geist in uns, aus was besteht dieser? Ist unser Geist und Gewissen nur ein elektrischer Reflex in unseren Gehirnzellen? Was geschieht mit oder in unseren Nerven? Nur elektrische Impulse, erzeugt als Reaktion auf äußere oder innere Anregungen? In einem Computer werden durch Schaltstellen, bestehend aus einer Vielzahl von Atomen, angeregt durch elektrische Ströme, Reaktionen erzeugt. Diese Reaktionen erzeugen wiederum Ergebnisse, die für uns in greifbare Angaben umgewandelt werden. Unser Körper mit unseren Sinnen ist in der Summe weit mehr als ein Computer. Wenn wir sterben und uns auflösen, lösen sich die Atome wieder auf in die unterschiedlichsten Bereiche. In die Elemente, aus denen wir entstanden sind ohne bleibende Spuren unserer Existenz zu hinterlassen, außer der verteilten Atome irgendwo. Aus diesem System könnte man keinen Sinn für ein Leben ausmachen, zumindest nicht mit unserer Vorstellung und unserem begrenzten Wissen, selbst nicht mit unserer gesamten Wissenschaft. Durch unsere Zeugung werden Atome zusammengesetzt zu neuem Leben aus dem vorhandenen riesigen Pool unserer Existenz, unserer Umgebung auf der Erde, aus der Existenz des Weltalls.

Die Bibel spricht vom Jüngsten Gericht, an dem wir auferstehen und uns ein neues dauerhaft bestehendes Leben, wo und wie immer, geschenkt wird? Nach meiner Annahme kaum eine Auferstehung des Körpers, sondern vielmehr die für uns nicht vorstellbare Reinkarnation unseres Geistes und unserer Seele.

Gilt diese Aussage für den Zeitpunkt des Endes unserer Erde und uns Menschen, oder unserem gesamten Universums? Da, wie wir inzwischen wissen, dass die Erde und wir Menschen nur ein winziger Ausschnitt in unserem ganzen Universum sind, denke ich, das wäre zu kurz gedacht.

Gott, unser Schöpfer, hat allem Anschein nicht nur die Erde und uns Menschen erschaffen, sondern das vollständige Universum.

Da diese jedoch jenseits unserer Begrifflichkeit liegt, vermute ich, dass wir uns zunächst auf die Erhaltung der menschlichen Existenz beschränken müssen und der Sinn des Lebens darin liegt, unser Leben in einer Gemeinschaft von Leben und Natur immer wieder fort zu setzen. Beginnend mit unserer Geburt und damit diese Gemeinschaft zu erhalten und weiter zu geben, bis zu einem sich wiederholenden Ende, unseren eigenen Tod.

Kapitel 6   Sterben und Tod

Für viele von uns Menschen ist der Gedanke an den Tod nicht erfreulich. Wir werden aus einem bewussten Leben ausgeschaltet. Mir selbst geht es ähnlich, ich habe noch so viel vor, möchte dieses Buch zu Ende schreiben, möchte mit meiner Partnerin und unserem neuen Campingmobil noch viele schöne Fahrten unternehmen, möchte noch vieles sehen, was ich noch nicht kenne. Erfahren, was ich noch nicht weiß. Aber darüber steht immer das Damoklesschwert des Todes. Wir wissen nichts über diesen Zeitpunkt. Oft kommt er wie man so sagt aus heiterem Himmel, mal über eine längere Zeit hinweg durch oder aus einer Krankheit. Zu allem wissen wir nichts.

In meinem Buch „ Spätes Leben – Dir Zeit mit Dir" habe ich dazu einen alten Spruch unserer Vorfahren aufgeführt, der unser Nichtwissen in etwa wiedergibt: „Der Mensch denkt, und Gott lenkt". Der Spruch sagt: Du kannst machen, was du willst, es gibt eine Vorsehung, die über unser Leben und unser Ende bestimmt, es kann Gott sein oder andere sagen, es ist Schicksal. Am Ende ist es egal, es läuft auf das Gleiche hinaus. Da ich im Innersten (In meinem Geist?) religiös bin, nicht die Religiösität in der Kirche oder sonst wo, sondern in mir selbst, denke ich, es ist Gott, der uns in seiner Hand hält und über unser Leben und unser irdisches Lebensende bestimmt. Dazu habe ich eine weitere Überlegung: Niemand kennt Gott, niemand weiß, wo er sich befindet. Nach der Überlieferung und der Lehre unseres christlichen Glaubens kennen wir Jesus, seinen Sohn, der für uns am Kreuz gestorben ist, aber seinen „Vater", Gott selbst, kennen wir nicht. Er lebt angeblich im Himmel. Aber ich denke, da gibt es keinen Gott, wie wir uns das vorstellen. Welcher Himmel könnte das sein? Unser von der Erde aus sichtbarer Himmel mit Sicherheit nicht. Nach meiner Auffassung ist Gott viel größer, er existiert vielleicht am Ende unseres Universums oder über unserem Universum. Siehe Ameisen. Aber mein Gefühl sagt mir, Gott ist überall, in uns, über uns, in unserer Natur, im ganzen, für uns unvorstellbaren Universum. In meinem Bergsteigerleben habe ich nach einer Tour auf dem Gipfel gestanden und hatte das Gefühl: Du bist Gott näher als im Tal. Aber das Gefühl kommt vielleicht aus der Ruhe auf dem Gipfel, dem Abstand zu allem, was uns im Tal belastet. Durch die Reinheit und Klarheit der Luft. Aber im Nachhinein, bei all diesen Überlegungen, denke ich, dass das sogenannte Gipfelglück nicht nur darin besteht, dass man sich freut, etwas geleistet und erreicht zu haben, sondern auch im Unterbewusstsein dieses Gefühl, einem Gott näher zu sein, auch unsere Freude bestimmt. Dass wir uns so sehr freuen, dass wir manchmal den Tränen des Glücks nahe sind. Das alles habe ich schon sehr oft im Leben erfahren. Auch im normalen Leben im Tal, aber nie so intensiv, wie auf einem Gipfel.

Wenn unsere Schöpfer aber über allem steht, gilt seine Anwesenheit für alle Galaxien und alle darin befindlichen Existenzen, also auch für von uns genannte Aliens, andere Lebensformen. Damit gelangen wir an eine Dimension, die für unsere Fähigkeiten und Begrifflichkeiten zu weit gespannt sind.

Deshalb möchte ich wieder zu dem von uns noch einigermaßen nachvollziehbarem Thema zurückkommen, was der Tod bedeutet, Sterben und Tod. Unser Körper, der geboren worden war, stirbt und vergeht. Was passiert mit unserem Geist, unserer Seele. Nach unserem christlichen Glauben gelangt dieser/diese nach dem körperlichen Ende in einen Pool von Himmel oder Hölle, je nach unserem Leben, gut oder böse. Dieses liegt für uns jedoch ebenfalls in einem unbekannten Bereich und konnte noch von niemandem beantworten werden, auch nicht von unserer noch so umfangreichen Wissenschaft. Wir können einfach daran glauben oder auch nicht.

Aber wir trauern um unsere Verstorbenen. Aber warum trauern? Wir sind traurig, dass sie uns verlassen haben, aus einem Leben voller Freude, manchmal auch nicht, aber wir trauern. So ging es mir selbst auch. Als meine Mutter gestorben ist und ich ihr wenige Minuten davor die Hand noch einmal halten konnte, war ich traurig, obwohl ich wusste, sie war 96 Jahre alt, hat ihr Leben gelebt bis zu einem Alter, was wenige von uns erreichen, und trotzdem war ich traurig bis ins innerste. Wo sitzt die Trauer? Ist das nur eine Reaktion in unserem Gehirn? In unseren Hormonen? Das ist, meine ich, der Geist in uns, der Geist, der die Liebe wachsen lässt, eine Liebe, die oft nur einmal im Leben entsteht und der Geist, der die Trauer erzeugt. Wir haben alle, mehr oder weniger, Angst vor dem Tod, denn wir wissen nicht, was kommt. Und das ist der Hintergrund unserer Trauer, das unbewusste, das uns sagt, eines Tages bist du selber dran. Die Geburt ist für uns nicht greifbar, wir werden geboren, ohne es zu begreifen. Aber den Tod erleben wir immer wieder bewusst, bei den anderen, und fürchten uns vor dem eigenen.

Wenn wir aber eine Antwort finden würden: Was ist der Sinn des Lebens? Könnten wir auch antworten: Was ist der Sinn des Todes. Unter diesem Hintergrund erscheint mir das Ziel zu sein, dass wir unser Leben bewusst leben sollten im Bewusstsein an unseren Tod.

Es gibt zu dem vorher genannten Spruch eine andere Bezeichnung unserer Vorfahren zu unserem Sterben: „Das zeitliche segnen". Dazu kommt mir der Gedanke: Warum segnen? Unsere Alten wussten vor dem Leben mit TV, Handy, Sozialen Netzwerken usw., noch etwas anderes, nämlich zu fühlen und sich mit den Dingen unseres Lebens intensiver zu beschäftigen. Daher kommen auch die vielen Redewendungen und Sprüche, die wir zum Teil noch kennen. Dabei muss ich an viele Bilder denken, wie ich selbst bei meiner Oma auch erlebt habe, wenn sie ruhig auf ihrem Stuhl sitzt, die Hände gefaltet, und ich nicht wusste, schläft sie oder denkt sie nach, über sich und das Leben. Aus unseren Überlieferungen kennen wir auch die Bilder über das Ende, in einem Bett, zu Hause, die Kinder, der Partner/die Partnerin und andere Verwandte stehen dabei und der/die Kranke oder der/die Alte schläft mit gefalteten Händen ein, für immer. Wo gibt es das heute noch? Ich denke, dass wir mit unserem vermeintlichen Wissen und unserem materiellen Streben diese Werte verloren haben. Lieber nichts damit zu tun haben, dem Tod nicht gegenüber stehen, es ist zu unheimlich. Da lass sie lieber im Hospiz sterben oder im Krankenhaus. Ist ja auch viel praktischer.

Das sollten wir überdenken und vielleicht in ein bewussteres Leben zurückkehren.

Vieles gäbe es noch dazu zu sagen, aber ich möchte nochmal zurückkehren zu dem oben bereits genannten Spruch: „Das zeitliche segnen". Liegt vielleicht in diesen einfachen drei Worten der Sinn des Lebens? Wenn ich sterbe und segne mein vergangenes Leben, oder mein Leben wird gesegnet. Liegt der Sinn des Lebens darin, dass ich zum Schluss auf ein Leben zurück blicke, in dem ich anderen Freude bereitet habe, ich verständnisvoll und hilfsbereit war zu anderen, zu den Lebewesen, die mit uns leben, zu der Natur, die Natur geschätzt habe und, und, und.

Nach dem Tod ergibt sich vielleicht die Frage: Was habe ich in meinem Leben erreicht, all dieses vorgenannte? Oder habe ich betrogen? War ich zu geldgierig? Immer nur dem vermeintlichen Reichtum nachgejagt? Man sagt, dass in den letzten Augenblicken das eigene Leben an einem vorbei rauscht. Kann ich dann auf ein sogenanntes glückliches und zufriedenes Leben zurück blicken? Oder war ich böse, unwirsch und gemein? Habe ich die Natur mit Füßen getreten? Das ist vielleicht der Moment, wo sich Himmel oder Hölle entscheiden und vielleicht der Sinn des Lebens? Wenn ich mein Leben, das zeitliche, segnen kann oder mein Leben gesegnet wird habe ich in meinem Leben Segen gebracht? Wie war mein Fußabdruck? Was habe ich hinterlassen?

Kapitel 7   Mein Fazit, Der Sinn des Lebens
Ich bin fast am Ende meiner Überlegungen, über (m)einen Sinn des Lebens angekommen.
Der Sinn des Lebens … warum lebe ich?
Aus allen vorgenannten Überlegungen und Fakten erscheint mir als Fazit zu sein: Ich kann es mit meinem eingeschränkten Wissen nicht ganz begreifen, allenfalls ein bisschen erahnen, mir Gedanken machen und es fällt mir schwer, es in einem Satz zu sagen. Im Gegenteil, ich brauche leider viele Worte und Sätze, um diese für mich komplexen Fragen einigermäßen zufriedenstellend zu beantworten.

Ich muss mir zunächst darüber im Klaren sein, ich bin nur ein Sandkorn am Strand, oder ein Wassertropfen im Meer, aber ohne diesen würden der Strand oder das Meer nicht bestehen. Ich muss mir aber auch im Klaren sein, ich bin einmalig, wie der Schneekristall.
Aber damit auch ein Mitglied einer großen Gemeinschaft. Mit all meinen Fehlern und Unzulänglichkeiten, aber auch mit meiner Einmaligkeit.
Ich bin geboren aus der Liebe und Freude von zwei Menschen, Vater und Mutter.
Ein Leben wurde mir geschenkt, das muss ich mit meinem Ende zurückgeben. Ich muss zurückgeben, was mir geliehen wurde. Mein zeitliches Leben. Und mein Geist, meine Seele, geht irgendwohin,

dahin, wo dieser/diese bei meiner Geburt gekommen ist.

Liebe und Freude hinterlassen, nicht Trauer. Aber auch danke sagen, an die, die mir vertraut haben, die mich geliebt haben, die mich ertragen haben.

Zu dem Sinn des Lebens habe ich zu Beginn meiner Überlegungen in Kapitel 1 die Zusatzfrage angeführt über das Gegenteil: Den Unsinn des Lebens. Hier bin ich zu dem Ergebnis gekommen, das alles als Unsinn des Lebens zu bewerten ist, was dem Fortbestand unserer Gemeinschaft Erde entgegensteht. Jede eigene Verfehlung, jeder Krieg, jede wissentliche und unnatürliche Vernichtung von Leben, somit auch die von Menschen gemachte Klimaveränderung wären als Unsinn zu bewerten und das Gegenteil, die Erhaltung dieser Werte der Sinn des Lebens.

Somit wäre auch meine Zusatzfrage in Kapitel 1 zu bewerten: Warum sterbe ich. Ich kann nicht ewig leben, es muss einen Wechsel geben. Ich muss mein Leben übergeben an die, die mir nachfolgen und bei meinem Sterben hoffen, dass ich im Leben dafür gesorgt habe, zumindest in dem für mich möglichen Umfang, die oben genannten Werte zu erhalten.

Mit allem diesen hätte dann mein Leben, zumindest für mich, einen Sinn gehabt.

Für ein Fazit noch eine weitere Überlegung und Folgerung:

Wir hinterlassen unsere Spuren, wo auch immer. Wir müssen uns mit dem täglichen Leben auseinander setzen, um diese Spuren zu hinterlassen. Andere mögen zu anderen Ergebnissen kommen. Diese ist meine.

Mit einer Spur, die ich hinterlasse, mit meinem Leben, mit meinen Taten, mit dem was von mir bleibt. Ich möchte, wie der alte Spruch es sagt, mein zeitliches segnen, segnen lassen und bitte die um Vergebung, die ich verärgert oder geschädigt habe, Menschen, Tiere, die allgemeine Natur. Und wie wir gelebt haben, was wir hinterlassen, ergibt für mich den Sinn des Lebens, die Spur meines Lebens, und gleichzeitig unser bzw. mein Sterben. Und alle meine Gedanken und Überlegungen möchte ich in den folgenden Sätzen zusammenfassen:

Diese Spur scheint mir der Sinn des Lebens zu sein. Unsere Spur,

gegenüber allem, was um uns war und ist. Aber auch gegenüber und in uns selbst, dass wir mit uns im Reinen sind, unsere Verfehlungen bereuen und um Vergebung bitten. Und müssen dankbar sein, dass wir leben durften und in Demut hinnehmen, dass wir gehen müssen und das Zeitliche segnen und wir gesegnet werden.

Und dem Wissen, dass unser Körper aus Atomen besteht, die sich zu einem Körper entwickelt haben und nach unserem Sterben wieder in die Natur zurückkehren. Aber nichts geht verloren, nur neu verteilt! Ich bleibe in Erinnerung, bei denen, die nach mir kommen durch eine Spur und mit diesem Büchlein.

Die Spur des Lebens, ein Foto von mir aus meiner ersten Eifelwanderung 2009, durch das Hohe Venn.

Dabei ist manche Spur breiter, manche schmaler, manche länger, manche kürzer, je nach Leben, je nach den individuellen Fähigkeiten und der Lebensdauer. Unsere Spur kann Schaden hinterlassen oder Schaden vermeiden, entsprechend dem Unsinn oder Sinn des Lebens.

Meine Spur ist schmal, ich bin kein Einstein und kein Napoleon, aber dennoch mit vielen Erlebnissen und Erinnerungen gespickt und immerhin länger als der Durchschnitt für Männer in Deutschland, dafür bin ich dankbar.

Ich hoffe, dass meine Spur nur einen kleinen Schaden hinterlassen hat. Vielleicht einen Teil von Schaden durch meinen Energieverbrauch und die unnötige Erzeugung von CO_2. Durch meine Schuld Lebewesen zu Tode gekommen sind, auf der Straße, durch mein Verhalten. Das tut mir Leid und ich möchte, wen auch immer, dafür um Verzeihung bitten.

Dazu mein Wunsch und meine Bitte an unseren Schöpfer und meine

Angehörigen zum Ende meiner Spur: Ich möchte in meinem Bett sterben, mit gefalteten Händen, umgeben von meinen Lieben, wer immer möchte und dabei sein kann.

Aber noch ein zusätzlicher abschließender Gedanke und eine Frage kommt mir dabei: Was ist mit dem Menschen, der mit der Krankheit Alzheimer leben und sterben muss. Der offensichtlich nicht mehr weiß, dass er lebt und sich nicht mehr erinnern kann, an die Spur seines Lebens. Und der nicht begreift, dass er stirbt. Vielleicht ist diese Krankheit ein langsames Sterben, mit zunehmender Krankheit, bis zum endgültigen Versagen aller Erinnerungen und Fähigkeiten, die einem „normal" lebenden Menschen bis zu seinem Ende bleiben. Und zum Schluss nur noch sein Körper stirbt. Das scheint mir eine Frage zu sein, die dazu gehört, die sich aber mit meinem Denken nicht lösen lässt. Diese Frage muss für mich leider offen bleiben.

Weiter abschließend und zusätzlich noch eine Überlegung zu diesem Büchlein:

Dieses Büchlein möchte ich hinterlassen mit meinen Gedanken, für meine Familie, meine Geschwister, meine Kinder und Enkel, für die, die noch bleiben und nach mir kommen. Solange ich noch lebe, aber auch nach meinem Ende. Hinterlassen möchte ich auch ein Gebet auf der Seite 48. Ein Gebet, welches sich in den Jahren mit meiner Partnerin Olga ergeben hat und wir zu den täglichen Hauptmalzeiten beten, gebetet haben. Mit der Bitte um Schutz und Segen und dem Dank für alles, was wir erhalten/erhalten haben.

Das Buch habe ich mit 52 Seiten ausgestattet, da erst ab 52 Seiten ein bedruckter Buchrücken erzeugt werden kann. Von den 52 Seiten habe ich nur 48 Seiten für meine Angaben vorgesehen. Die restlichen vier Seiten sind leer und ohne Seitennummern. 48 Seiten habe ich ausgewählt, weil

1. Ein gedruckte Buch eine Seitenzahl haben muss, die durch vier teilbar ist. Hieraus ergibt sich die Zahl 12.

2. Diese 12 eine Zahl ist, die viele Bedeutungen zu unserem Leben hat.

Zwölf Stunden hat der Tages-Uhrenkreis, der uns die Vergänglichkeit unserer Zeit anzeigt. Zwölf Monate hat das Jahr, eine zufällige Einteilung aus dem Jahresumlauf unserer Erde um die Sonne. Wir kennen aus der Überlieferung die zwölf Jünger Jesu und die zwölf Apostel, und vieles mehr
Diese und viele andere Angaben sind auf den Internetseiten und Büchern zu finden.

Von den 48 Seiten habe ich bis zur Seite 30 meine Überlegungen und Gedanken zu dem Sinn des Lebens und den anderen Fragen nieder geschrieben. Auf Seite 48 habe ich das Gebet, wie oben bereits genannt, aufgeschrieben. Mit den Bitten an Gott, unseren Schöpfer, bitten um Schutz und Segen, aber auch Dank für unsere Leben und für alles, was wir aus seiner Hand erhalten. Aufgeschrieben als Erinnerung und für Dorothee, meine Tochter aus erster Ehe, die es schon immer aufgeschrieben haben wollte.

Die anderen 16 leeren Seiten habe ich für alle weiteren Gedanken, für Ergänzungen aus meinen eigenen weiteren Überlegungen sowie für die Leserin/den Leser, ihre Überlegungen zum Sinn des Lebens und/oder den anderen Fragen aufzuschreiben. Aber auch ihre Gefühle, ihre Freude, Trauer und Schmerz hier festzuhalten. Über erlebtes, über glückliche oder traurige Stunden. Aber das besondere wäre, jeder für sich, seine Gedanken und Gefühle, sein Leben als Spur zu hinterlassen. Auch als Ergänzung in diesem Büchlein. Immer wieder eine neue Spur unseres Daseins, bis zum Ende aller Tage.

So habe ich die Seiten 31-35 selbst schon für drei Ergänzungen genutzt.

Die erste für die Liebe, denn die Liebe ist ein besonders starkes Gefühl, zu dem ich hier noch etwas ergänzen möchte.

Die Zweite zu der Seite 15 für das Paradies und die Versuchung, das Gute und das Böse, was mir dazu nachträglich und ergänzend noch in den Sinn gekommen ist.

Die Dritte für/über die Trauer, eine Ergänzung zu diesem Thema, wie in diesem Buch vielfach angesprochen. Jedoch über eine Trauer zu dem Tod eines mir/uns anvertrauten Lebewesens.

Hier möchte ich mein Büchlein nun endgültig beenden, mit den Gedanken an mein Leben und mein Sterben. An all die Erinnerungen an ein bewegtes Leben, und dem Gedanken an die Spur meines Lebens. Mit den Gedanken an alle, die um mich sind und nach mir zurück bleiben. Nicht trauern sondern freuen über die schöne Zeit, über ein schönes Leben, wie ich es zu einem Großteil in den von mir geschriebenen Büchern hinterlasse.

Als Abschluss ein Foto von mir: Sonnenaufgang in Hergarten, als Symbol, es kommt immer ein neuer Morgen, so dunkel und schwer die Nacht auch war.

Und Jesus hat den Menschen hinterlassen: Ich bin die Auferstehung und das Leben. Wer an mich glaubt wird leben bis in Ewigkeit.

Erste eigene Ergänzung: **Über die Liebe**

In verschiedenen Kapiteln dieses Buches habe ich das Thema Liebe angesprochen.

Dazu hier eine Ergänzung.

Wir tragen Gefühle in uns, Liebe, Freude, Trauer, Hass, Eifersucht, Neid, usw. Leider sind Gefühle in unserer „aufgeklärten" Welt nach meiner Beobachtung nicht mehr sehr gefragt, OneNightStands, Instagram und Co. und ähnliche schnelle Vergnügen dafür umso mehr. Diese Liebe war und ist eines unserer starken Gefühle. Die Liebe selbst kann weitere Gefühle auslösen, wie Trauer, Hass, Eifersucht. Die Liebe besteht nach meinem Empfinden in sehr vielen Variationen.

- Als erstes lieben wir Vater und Mutter, die Großeltern, Oma und Opa, wir lieben unsere Kinder, Enkelkinder, Geschwister und erwarten, dass sie diese Liebe erwidern. Dieses Gefühl wird erzeugt durch unsere Verbundenheit mit Menschen, die uns nahe sind. Hier gibt es im Normalfall keine Sexualität. Unser Gewissen sagt uns: Das ist in Ordnung.
Wir lieben diese Menschen, wir möchten mit ihnen zusammen sein. Wir suchen ihre Nähe, wir möchten etwas Schönes mit ihnen erleben. Zusammen essen, zusammen wohnen, zusammen spazieren gehen usw. Wir möchten ihnen Gutes tun und möchten Gutes zurück erhalten und uns freuen, wenn wir Gutes von ihnen erhalten oder Gutes geben.
- Wir lieben die Natur, wir lieben die Tiere, vor allem, die, die mit uns leben. Wir lieben das, was wir gerne haben. Auch hier gibt es im Normalfall keine Sexualität. Unser Gewissen sagt uns: Das ist in Ordnung.
- Dann gibt es die Liebe für uns selbst, Jesus sagte: Liebe deinen Nächsten wie dich selbst. Was ist aber die Liebe für uns? Wenn ich in mich hinein höre, höre ich nicht, dass ich mich selbst liebe. Ich mache mir Gedanken über meine Existenz, dass es mir gut geht, ich was Gutes zu Essen bekomme, was Leckeres zu trinken. Ich freue mich über ein schönes Erlebnis. Aber mich lieben?

Ich denke dazu: Ich lebe gerne und möchte also, dass es mir gut geht und dass es meinem Nächsten also auch gut geht.

Dann gibt es eine andere Liebe. Eine Liebe zwischen zwei Menschen, die mit Begehren verbunden ist, aber auch mit dem Verlangen, dem andern Liebe zu geben. Für mich die bedeutendste Liebe von allen. Das ist nach meiner Auffassung eine Liebe zu einem anderen, mit dem wir zusammen sein möchten. Ganz eng und fest. Wir möchten diesen Menschen an uns drücken, im nahe sein bis in seine Seele, sein innerstes. Dem wir Gutes tun möchten, ihm direkt und ihm nur alleine Freude zu bereiten und dadurch selbst Freude zu empfinden. Aber das schönste dabei, selbst diese Liebe zu erhalten, dass meine Liebe erwidert wird.

Aber auch mit ihm verbunden sein, zu dem, was uns eingegeben worden ist und was dazu beiträgt, uns Menschen weiter zu erhalten. Eine Nachfolge von uns. Einen Menschen zu zeugen. In der Liebe zusammenfinden und ein neues Leben entstehen lassen. Dabei selbst Freude empfinden und dem Anderen Freude zu bereiten und zu geben. In diesem Fall Liebe, verbunden mit Sexualität.

Ohne diese Liebe ist Sexualität nur eine Form, sich selbst eine Freude zu bereiten.

Diese Liebe kann mit den Jahren verblassen, aus dem aneinander gewöhnen, aus dem täglichen Leben. Aber schön ist es, wenn sich in gleichem Maße eine andere Wertigkeit und aus einem Teil der Liebe Vertrauen, Achtung und Verstehen ergeben.

Aber oft ergibt sich ein so großes Verblassen, dass sich die Wege von zwei sich liebenden Menschen trennen, trennen müssen. Dabei sollte sich nach meiner Auffassung aber zumindest ein Verständnis und eine Achtung für den Anderen ergeben, auf Basis der einmal vorhandene Liebe.

Sehr oft entstehen deshalb aus der Lieber leider auch Hass und Unverständnis, aus vielen Gründen, die in der Natur des Menschen liegen. Aber das ist ein anderes Thema, ein ebenfalls komplexes und heikles Thema, über das ich hier keine Überlegungen anstellen möchte.

Stattdessen möchte ich das Thema Liebe hier beenden mit einem abschließenden Gedicht von C. Parisius, von mir leicht abgewandelt.

Vergiss nicht, dass ich Dich liebe,
dafür diese drei Rosen dir gebe,
Wenn diese Rosen auch trocknen.
So sollen sie dir sagen:
Die eine für deine Liebe.
Die Zweite für die Last,
Weil du mich ertragen hast.
Und die Dritte, Die zur Dir spricht:
Meine Liebe, Du, vergiss sie nicht!

Original entnommen aus der Internetseite:
https://gedichte.levrai.de/liebesgedichte/gedichte_fuer_ver-liebte.htm
von mir etwas angepasst.

Zweite eigene Ergänzung:
Über die Versuchung, das Gute und Böse

Auf Seite 15 schreibe ich über die Versuchung des Menschen im Paradies mit einem Apfel. Diese Angabe möchte ich hier noch mit einer eigenen Überlegung ergänzen. Adam und Eva lebten nach der Bibel in einem Paradies. Mit/in einer Unsterblichkeit? Das wird nicht angegeben.

Aber die Versuchung soll sich gemäß der Bibel durch eine Schlange ergeben haben, die Eva, dem weiblichen Wesen, versprochen haben soll: Wenn ihr von dem Apfel esst, werdet ihr sein wie Gott.

Doch nichts geschieht ohne den Willen unseres Schöpfers. Er hat Adam und Eva die Wahl gelassen, der Versuchung nachzugeben, oder im Paradies zu bleiben.

Diese Verführung hat mit meiner Frage „Der Sinn des Lebens" auf den ersten Blick nicht direkt zu tun, gehört nach meiner Auffassung aber in weitestem Sinn doch dazu. Denn wenn diese Versuchung nicht stattgefunden hätte, würden wir immer noch im Paradies leben, Mit einer Unsterblich? Eine Unsterblichkeit braucht aber keine Zeugung und keinen Tod. Das hätte aber entscheidende Auswirkungen auf das Leben an sich gehabt. So hat sich nach meiner Schlussfolgerung daraus ergeben, dass wir durch diesen „Ungehorsam" sterblich geworden sind, damit aber auch die Zeugung und Geburt eingerichtet. Die Kinder Kain und Abel wurden gezeugt. Mit dem bekannten Ergebnis, dass Kain seinen Bruder Abel erschlagen hatte und damit das Verbrechen, die böse Tat bzw. das Böse selbst, seinen Anfang genommen hatte. Damit wurde ein Leben ermöglicht wie wir es heute führen. Wir dürfen/müssen leben und sterben. Mit dem Bösen leben, aber auch mit allem anderen. Mit der Liebe und unserem Sterben und mit der Überlegung nach dem Sinn des Lebens.

Hiermit ergibt sich für mich der Schluss zu einem Kreislauf des Lebens und als Ergänzung zu meinem Fazit, für was wir leben. Mit der Möglichkeit, gutes oder Böses zu tun und damit unsere Spur zu hinterlassen. Zwar die Wahl zwischen Gut und Böse haben, jedoch möglichst das Gute zu tun für den Erhalt unserer Nachkommen und das Weiterleben der Gemeinschaft.

Dritte eigene Ergänzung: Trauer, um ein uns anvertrautes Lebewesens

In meinen Überlegungen habe ich die Trauer angesprochen, eines von vielen Gefühlen, die sich in unserem Körper, in unserer Seele oder unserem Geist bildet. Ich war traurig bei dem Tod meiner Mutter, habe auch getrauert zum Tode meines Vaters, meines Bruders, Schwagers und anderen aus meinem Familien- und Bekanntenkreis. Aber das war nicht die überwältigende Trauer, wie ich sie bei der Einschläferung meines Hundes Zara empfunden habe. Bei dem Sterben eines Wesens, dass mir zur Obhut übergeben worden war, das mir vertraut hat in allen Lebenslagen. Ich war und bin immer noch überzeugt, sie wusste, was auf sie zukam. Sie hat vor der ersten Spritze in meinem Arm gezittert und gewinselt. War aber sonst ruhig, wie um sich ihrem Schicksal zu ergeben. Und das hat mich tief getroffen und beeindruckt und diese gewaltige Trauer in mir ausgelöst. Ich wusste, dass es keine andere Lösung gegeben hat und doch fühlte es sich für mich an, als wenn ich sie verraten hätte. Sie ist in meinen Armen eingeschlafen.

Ich meine, wir trauern um unsere Angehörigen, wissen aber, es liegt in der Regel nicht in unserer Verantwortung. Die Entscheidung wird von einer höheren Macht getroffen, der wir uns zu fügen haben. Und wir wissen, dass, wie bei meiner Mutter oder meinem Vater, ein erfülltes Leben zu Ende geht. Aber die Entscheidung, einem lieben Wesen, wenn auch „nur" einem Hund, den Tod zu bringen, ist verbunden mit einer anderen Trauer, die tiefer geht. Zumindest bei mir und ich denke, auch bei vielen Menschen, die ein Lebewesen sterben lassen müssen oder den Tod erleben müssen. Aber was hat das mit dem Sinn des Lebens und dem Sterben zu tun. Nach meiner Auffassung ist dieses Erleben mit einem Lebewesen, das uns anvertraut worden ist und bei dem wir die Verantwortung für sein Ende übernehmen müssen, auch ein Bestandteil unserer Spur des Lebens. Das Leben mit diesem Wesen und seinem Ende. Die wahren Werte im Leben sind nicht Besitz, Geld und Reichtum, sondern die Werte, die sich aus dem Zusammenleben mit Menschen und Geschöpfen ergeben, die wir lieben und im Tode betrauern. Uns aber auch in Demut freuen dürfen, dass wir mit ihnen viele Jahre erleben durften und damit zum Sinn unseres Lebens beigetragen haben.

Hinweis:
Die folgenden leeren Seiten habe ich wie bereits vorgenannt hinzugefügt für meine weiteren zusätzlichen Überlegungen und Ergänzungen, sowie für alle, die dieses Büchlein lesen oder gelesen haben, um ihre Gedanken, Gefühle usw. auf diesen leeren Seiten nieder zu schreiben, für sich und die, denen sie das Büchlein überlassen wollen.

Anhang:

Unser tägliches Gebet zu den Hauptmahlzeiten:

O Herr, wir beten zu dir und bitten um deinen Schutz und deinen Segen.
Segne unsere Speisen, unsere Familien, unsere Gemeinschaft.
Gib uns Kraft für unsere Aufgaben und Weisheit für unsere Entscheidungen.
Beschütze uns auf unseren Wegen und erhalte uns unsere Gesundheit und deine Natur.
Segne und beschütze auch unsere Angehörigen, unsere Kinder, Enkel, Geschwister und Eltern. Gib auch ihnen Kraft für ihr Leben
O Herr, wir danken dir für alles, was wir aus deiner Hand erhalten.
Wir danken dir für unser Leben und für jeden Tag, den du uns schenkst und den wir erleben dürfen.
Wir danken dir für die Natur rings um uns herum, an der wir uns erfreuen dürfen. Für den Sonnenschein und den Regen.
Wir danken dir für deinen Schutz und deinen Segen und für alles andere, was du uns gibst. Denn ohne dich sind wir nichts und mit dir sind wir alles.
Amen.

Zeitfracht Medien GmbH
Ferdinand-Jühlke-Straße 7
99095 Erfurt, Deutschland
produktsicherheit@kolibri360.de